# LETTRE

# DE VOLTAIRE

## AUX FRANÇAIS.

# LETTRE

## PHILOSOPHIQUE, MORALE

### ET LITTÉRAIRE

# DE VOLTAIRE

## AUX FRANÇAIS.

Publiée par E. B. D. M.

A PARIS,

Chez DELAUNAY, Libraire, au Palais-Royal.

DE L'IMPRIMERIE D'ANTHe. BOUCHER,
SUCCESSEUR DE L. G. MICHAUD,
RUE DES BONS-ENFANTS, N°. 34.

M. DCCC. XVIII.

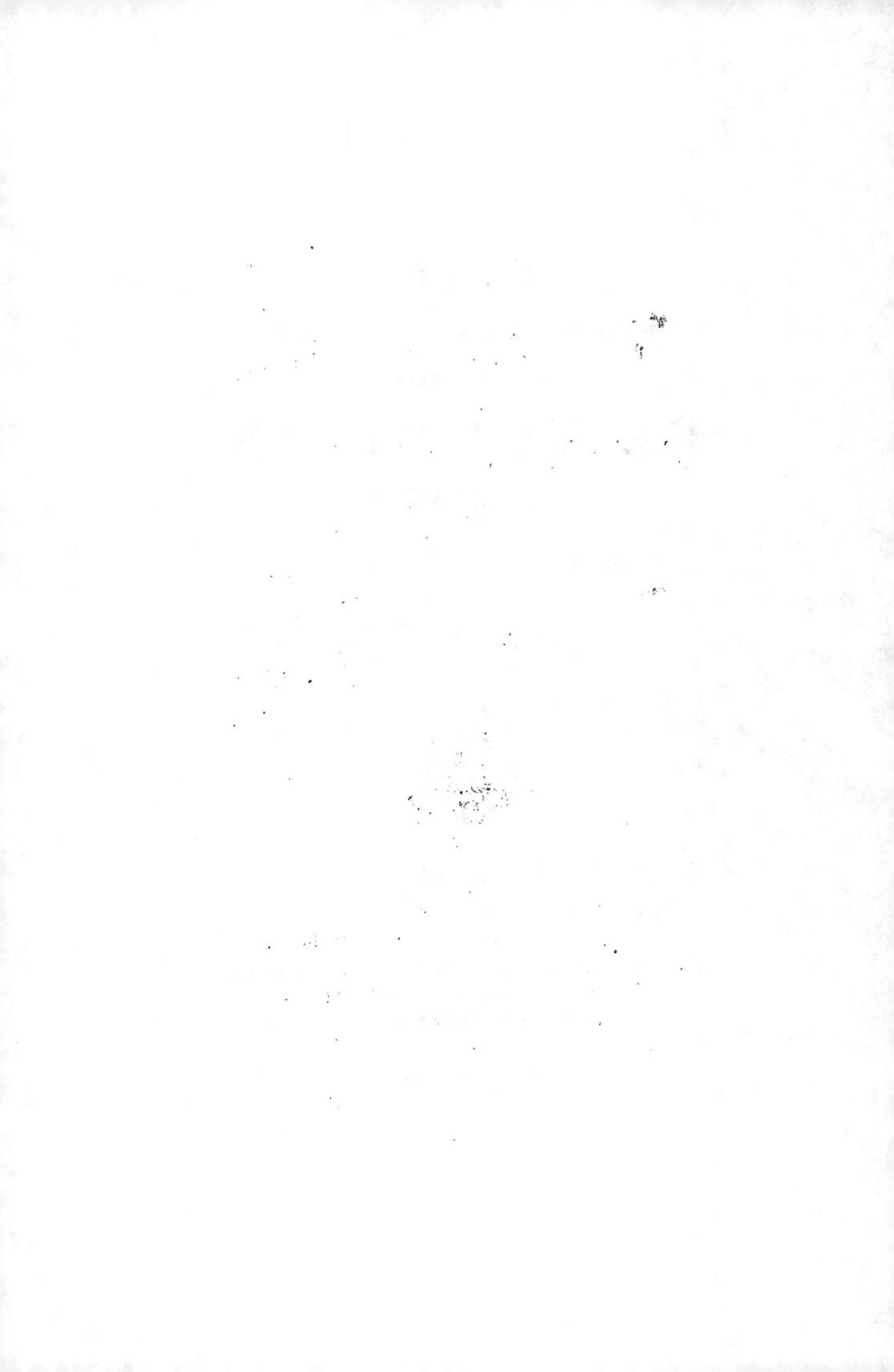

# AVIS

# DE L'ÉDITEUR.

---

Cette Lettre, qui m'est parvenue par des moyens extraordinaires, mais que je crois inutile de rapporter, est une réponse courte, claire et précise à tous les libelles diffamatoires que l'on a répandus contre l'Hercule littéraire du dix-huitième siècle, depuis qu'on a commencé à réimprimer la collection de ses œuvres. Les admirateurs de ce grand homme, qui, comme le dit fort bien Chénier,

... Planait sur le siècle où brilla son génie,

pourront, s'ils le jugent à propos, réunir à ses œuvres cette pièce qui renferme, avec une défense rapide, mais suffisante,

quelques observations sur l'état ac-
tuel de la morale, du goût et de la littérature en France. Je n'y ai rien trouvé
qui puisse alarmer ou choquer qui que
ce soit, et encore moins l'autorité légi-
time, pour laquelle Voltaire recom-
mande le respect et l'obéissance.

# LETTRE

# DE VOLTAIRE

## AUX FRANÇAIS.

Aux Champs-Élysées, août 1818.

Mes chers Français,

J'ai lu, dans les feuilles périodiques que nous recevons ici très régulièrement, que vous daigniez vous occuper beaucoup là-haut du vieux philosophe de Ferney. Cette nouvelle m'a fait plaisir, et m'a fait concevoir l'idée de vous adresser une épître en prose, et non en vers, quoique cette manière de s'exprimer me soit devenue familière.

On m'a apporté un exemplaire de toutes les éditions complètes de mes ouvrages qui paraissent en ce moment, et j'ai vu, avec satisfaction, qu'on y réunissait la correction et l'élégance; j'ai observé qu'on avait suivi dans le classement de toutes ces productions, si différentes les unes des autres, un ordre clair et lumineux, qui ne peut qu'honorer les éditeurs, et assurer le succès de leur entreprise.

Permettez-moi de vous exprimer ma reconnaissance pour de pareils procédés. Ce sont vos suffrages qui leur ont donné l'essor. Je m'empresse aussi de payer à Messieurs les libraires le tribut d'éloges qu'ils méritent et qu'ils ont droit surtout d'attendre de ma part. Je sais que le célèbre Renouard s'occupe aussi de moi (1); mais je ne peux m'empêcher de rire quand je pense que le fruit de son travail est destiné à orner les brillantes tablettes de quelques riches ignorants qui me regarderont comme un meuble, ne me liront pas, mais qui admireront la beauté des gravures, le luxe de la reliure. Je serai dans leurs mains comme les *Odes sacrées* de Lefranc de Pompignan, dont vous vous souvenez peut-être que j'ai dit :

Sacrés ils sont, car personne n'y touche.

Par ce que je viens de vous dire, vous pensez déjà que je ne me sens pas très flatté de tous ces soins typographiques, dont tant d'autres perdraient la tête. Oui, j'aimerais cent fois mieux voir, dans vos mains, mes ouvrages bien fatigués à force d'avoir été lus, que tous ces riens brillants, qui, pour l'ordinaire, servent à faire valoir les livres les plus impertinents.

Mes chers Français, vous m'avez toujours connu pour avoir un caractère assez caustique et assez mordant : rien cependant n'a pu éteindre en vous cette indulgence que vous opposiez à mes railleries piquantes. N'allez pas vous imaginer que j'aie été la dupe de tous ces bons traitements ; vous pardonnez toutes les folies, vous souriez à tous les écarts d'un auteur, pourvu qu'il ait su gagner votre amitié, et pourvu surtout qu'il vous amuse.

Il faut que je vous aie bien amusé, et que la lecture de mes fadaises vous ait bien désopilé la rate ; j'avais beau, d'un air riant, lever sur vous le fouet de la satire, j'avais beau vous frapper sans ménagement, vous avez constamment applaudi à mes travaux. Constamment... je me trompe ; quelquefois vous m'avez blâmé, et je conviens, sans difficulté, que ce n'était pas sans raison. La justice a toujours réglé votre conduite à mon égard, soit que vous ayiez reçu favorablement ce que je vous présentais, soit que vous ayiez désapprouvé quelques traits de plume échappés dans le feu de la colère, lorsque je me voyais harceler par des ennemis que je devais mépriser. Vous l'avez dit vous-même, vous avez poussé l'éloge jusqu'à ajouter que je m'étais armé de la griffe du lion ou de la massue d'Hercule pour écraser des insectes. Il est vrai; mais je ne pouvais me refuser le plaisir de mettre à leur place des êtres qui s'avisaient de troubler mon repos. J'ai levé sur eux, comme l'a dit un auteur mon apologiste, ma *patte majestueuse,* et ils sont rentrés dans le néant.

A tout cela, vous répondez que j'ai eu tort, que j'ai perdu du temps que je pouvais employer à corriger ou du moins à relever les vices de mon temps; vous répétez que je devais plutôt me taire

Que d'illustrer un faquin ignoré.

Je ne vous conteste plus rien; mais je suis surpris que pour me punir, pour effacer tous mes travers, après m'avoir comblé d'honneurs vers la fin de ma carrière, vous ayiez déposé mes cendres dans l'enceinte de ce temple superbe, au fronton duquel le génie a tracé cette inscription sublime :

Aux grands hommes la patrie reconnaissante.

Ces honneurs, un peu ralentis pendant vingt années (je ne regarde pas comme un honneur ce qu'a fait Palissot pour moi (2), viennent de se réveiller ; et, par une conséquence naturelle, j'ai entendu quelques successeurs des Fréron, des Clément, des Sabatier et des Desfontaines, élever contre moi des cris injurieux. Je les ai entendus renouveler les accusations les plus fausses et les plus absurdes ; ils ont cherché à me noircir dans votre esprit ; ils ont déterré je ne sais quel prétendu mot de l'infortuné Louis XVI, à mon sujet et au sujet de J.-J. Rousseau (3) ; ils ont déchaîné les sottes cabales que j'ai combattues pendant plus de soixante années : je crois même que, s'ils l'avaient pu, ils auraient violé l'asile où mes cendres reposent ; mais actuellement, je peux m'appliquer ces vers de la *Henriade*, en les changeant un peu :

Dans le sein de son Dieu, Voltaire, désormais,
Rit du bruit impuissant de cent nains contrefaits (4).

Laissez-les exhaler leur venin sans force et
sans vertu : pour moi, je leur accorde liberté
pleine et entière de corriger, critiquer, dé-
chirer mes *Commentaires sur Corneille* (5) ;
ou mon *Théâtre*, dont le malin Geoffroy a tant
parlé ; ou la *Henriade*, comme défunt La
Beaumelle ; je ne dirai pas le mot, je ne ré-
pondrai jamais à leurs injures ; je suis convaincu qu'elles retombent toujours sur celui
qui les dit ; je les abandonne à leur paisible
obscurité ; je les livre à vous, qui saurez, ou
plutôt qui savez déjà les apprécier à leur juste
valeur.

Qu'ils écrivent l'histoire de ma vie ; qu'ils
noircissent mal à propos du papier innocent,
pour réfuter Condorcet ou Duverney ; qu'ils
donnent de méchantes interprétations à mes
actions les plus exemptes de blâme ; qu'ils ai-
guisent, en un mot, leurs traits les plus enve-
nimés ; je ne m'oppose point à leur ridicule
projet d'élever leur gloire sur les débris de la
mienne.

> Que peut contre le roc une vague animée,
>
> Hercule a-t-il fléchi sous l'effort de Pygmée ?

a dit Piron, de mordante mémoire. Ne me fai-

tes point de reproche, si je me fais à moi-même
l'application de ces deux vers, tirés de la seule
bonne pièce de ce libertin dijonnais. Je suis
retiré du monde; mais je n'abandonne pas
les droits que j'ai acquis à votre souvenir.

Ducis, que vous avez perdu, vient d'arriver au milieu de nous. Je me suis hâté d'ac-
cueillir mon successeur au sanctuaire des lettres. Je n'ai point négligé de le remercier des
fleurs immortelles que sa main a répandues
sur mon tombeau. A mon exemple, les habi-
tants de l'Elysée ont serré dans leurs bras l'é-
loquent auteur d'*Hamlet* et d'*Othello*, le con-
quérant des beautés de Shakespeare, et nous
lui avons demandé avec un empressement égal
à notre impatience, les nouvelles littéraires,
philosophiques ou morales de l'autre monde.
Il est bon de vous apprendre que nous sommes toujours un peu incrédules, mais seulement aux articles de gazettes et de feuilles périodiques.

Ducis s'est recueilli un moment, et nous a
parlé en ces termes, en s'adressant particuliè-
rement à moi :

Mon illustre Prédécesseur, et chers
Confrères en littérature,

Il s'est opéré de grands changements depuis le jour où vous êtes disparus de cette
scène orageuse, dont les précipices ont en-
glouti à-la-fois tant de coupables et tant d'in-
fortunés. Le Français est toujours tel que vous
l'avez connu, bon, léger, esclave de la mode,
dont les variations se succèdent avec une in-
croyable rapidité ; il est toujours prêt à saisir
toutes les impressions, bonnes ou mauvaises ;
à se lancer aveuglément dans des routes dont
il n'aperçoit point les limites ; à s'enthousias-
mer pour des niaiseries, à se décourager pour
le moindre obstacle, à desirer sans cesse ce
qu'il ne possède pas, à se dégoûter de ce qu'il
possède, à se plaindre, à murmurer, à rougir
de ses sottises passées, et à en préparer de
nouvelles.

A Dieu ne plaise que je prétende juger sans
exception : il est des hommes d'un esprit ferme
et constant ; mais, comme il arrive toujours,
le nombre des sots excède vingt fois celui des
sages.

Vous ne me demanderez pas que je vous rende compte des crimes qui ont souillé cette belle France pendant près d'un quart de siècle. Vous devez en être instruits; je vois parmi vous plusieurs personnes qui en ont été les témoins ou les victimes. Vous ne pouvez ignorer que le cours de ces orages politiques soit terminé pour jamais. Mais vous ne me demanderez pas que je vous rende compte de la situation politique actuelle de l'Europe : cela pourrait vous fatiguer , aussi bien que moi. —

Et nous vous en dispensons de tout notre cœur, ai-je répondu avec vivacité : nous sommes déjà assommés de toutes ces déclamations prétendues politiques qui font gémir les presses complaisantes de Paris. En vain nous dira-t-on qu'elles sont le résultat de la liberté , je crois bien plutôt qu'elles sont la preuve de la scribomanie et de la sottise. Non , non , tous ces avortons politiques ne m'en imposeront jamais; ils auront beau crier que la patrie est en danger, qu'elle penche vers sa ruine : mon sommeil ne sera ni moins profond , ni moins pur; et l'on ne me fera pas l'injure, je crois , de douter que je n'aime beaucoup ma patrie.

Avant d'en venir aux détails de l'état de la

philosophie, de la morale et de la littérature
en France, apprenez-moi, mon cher Ducis,
tout ce que l'on dit de moi au séjour des mortels. Je suis curieux, direz-vous, peut-être un
peu trop-pour ma tranquillité; mais je veux
satisfaire mon envie. —

Vous voulez connaître ce que l'on dit de
vous, illustre Voltaire; votre demande est
épineuse, et je ne sais comment y répondre.
— Dites la vérité, le bien et le mal; il faut tout
savoir. — C'est avec peine que je vous obéi-
rai; mais vous le voulez, j'y consens. Je com-
mencerai par le mal et finirai par le bien.

Il existe des coteries, prétendus bureaux d'esprit, bien différentes de la société de la célèbre
Ninon, que vous avez connue dans votre jeunesse. Dans ces clubs anti-spirituels, on vous
déchire impitoyablement. Heureusement que
leurs arrêts ne sont pas sans appel. Du fond
de la Chaussée-d'Antin (vous n'ignorez pas
que ce quartier de Paris est devenu le quartier
par excellence), on voit sortir de jeunes fats,
dont une moitié ne sait pas lire, et dont l'autre
ne lit jamais que des articles de modes; êtres
sans goût, sans esprit, sans génie, on les voit
courir dans les rues de la capitale, fredonnant

ou sifflant quelque air nouveau, affublés d'un pantalon à la russe et d'un habit terminé en queue de morue (6). Ils présentent un gros estomac bombé, recouvert d'un énorme jabot ; leurs cheveux sont redressés et sans ordre ; ils renoncent au rôle aimable des Français, pour reprendre un rôle grotesque. Enfoncés dans d'élégantes voitures, si leur fortune le leur permet, ou s'avançant modestement à pied, ils s'empressent d'aller répéter, avec une emphase vraiment comique, ces beaux jugements à quelques vieilles douairières du Marais ou du Luxembourg. « *Voltaire ! ah ! ne m'en parlez pas : c'est un homme abominable, c'est un monstre ; il a amené la révolution ; c'est un athée.*

A ces derniers mots, l'indignation la plus vive s'est manifestée dans mes traits. Je n'aurais fait que rire des premiers : *c'est un homme abominable, c'est un monstre.* Ce langage peut être considéré comme l'expression d'un ennemi en fureur, qui ne peut évacuer sa bile qu'en vomissant des injures ou en vous crachant au visage, faute de pouvoir articuler aucun fait ; mais les dernières sont une accusation en forme, une calomnie avérée, et c'est ce qui m'irrite.

Où ces Messieurs ont-ils trouvé, dans l'immense collection de mes OEuvres, que j'aie affirmé qu'il n'y avait pas de Dieu? Qu'on me montre un seul passage qui justifie cette assertion, dans les soixante-dix volumes de Kehl, dont soixante volumes à peine sont avoués par moi. Ah! sans doute ils ne connaissent pas la signification du mot athée. Leur intelligence ne s'étend guère que jusqu'au point où l'Arnolphe de Molière veut que se porte celle des femmes. Avec leur fade babil, ils n'ont qu'une écorce d'esprit sans consistance.

Avant de me déshonorer par une telle imputation, ils auraient dû savoir ce qu'on entendait par athée. En vain Sylvain Maréchal a-t-il donné un dictionnaire de tous ceux qui ne croyaient pas à l'existence de la Divinité; moi, je ne peux, à mon tour, concevoir l'existence de pareils êtres.

Ont-ils lu, ces hardis dépréciateurs du mérite littéraire, ont-ils lu mon épître à l'auteur du livre des *Trois Imposteurs.* Là, ils trouveront une réponse décisive à toutes leurs calomnies. Je ne peux m'empêcher, pour ma justification, de la rappeler ici :

Reconnaissons ce Dieu, quoique très mal servi.
De lézards et de rats mon logis est rempli;
Mais l'Architecte existe, et quiconque le nie,
Sous le manteau du sage est atteint de folie.

Doit-on, pour quelques sarcasmes imprudents, je l'avoue, me flétrir du nom infâme d'athée? Doit-on me confondre avec les Boullanger, les D'Holbach, et tous ces gens à système, pour lesquels il n'y avait rien de sacré. Ils ont heurté avec audace tout ce qu'on révère sur la terre; et moi j'ai répété :

Si Dieu n'existait pas il faudrait l'inventer.

J'ai combattu des dogmes, des pratiques qui m'ont paru déshonorer le culte simple de l'Être suprême. J'ai tenté d'arracher quelques rameaux qui paraissaient inutiles, et qui dévoraient une sève nécessaire à la prospérité d'un grand arbre; mais jamais je n'ai attaqué le tronc. Je me suis indigné de ce nom de Dieu des vengeances, que lui ont donné des adorateurs aveuglés et fanatiques qui le jugeaient d'après eux-mêmes. J'ai refusé de le reconnaître sous le nom de Dieu d'Aod et de Judith.

2..

J'ai combattu sans relâche cet horrible préjugé, et je le combattrais encore si je retournais sur la terre. Le véritable nom qu'on doit lui donner, n'est-ce pas ce nom cent fois plus noble et plus digne de lui :

*Etre suprême, bon, juste et clément.*

Oui, telle est son essence; et j'en ai fait l'épreuve moi-même. Il m'a généreusement pardonné mes fautes; et après une légère expiation, soutenue par mon repentir, il m'a reçu au séjour des hommes qui ont bien mérité de leurs semblables. Il a pesé dans sa balance éternelle le peu de bien que j'ai fait et le mal que j'ai causé. Il n'a vu, dans mes erreurs, que l'emportement d'un esprit inquiet et turbulent, qu'aigrissait la moindre contrariété, mais encore sensible et compâtissant. Il n'a point condamné la haine que j'ai vouée au fanatisme, qu'il ne confond point, dans sa sagesse profonde, avec la religion que son adorable fils nous a enseignée.

C'en est assez pour cet objet; j'en viens actuellement à cette autre accusation, faite avec aussi peu de réflexion : J'ai causé la révolution ! Qu'on m'explique par quels moyens je l'ai causée; je ne peux pas le comprendre moi-même. Est-ce parce que j'ai dit :

Les mortels sont égaux, ce n'est pas la naissance,
C'est la seule vertu qui fait leur différence.

Quel est l'homme assez sot pour soutenir que j'aie voulu, dans ces vers, prescrire la confusion de tous les rangs? Veut-on employer contre moi la méthode de l'interprétation, dont on veut se servir actuellement; méthode funeste, qui consiste à faire dire à un auteur des choses dont il n'a pas même eu l'idée.

J'ai assez vécu pour savoir que la distinction des rangs est un des principes fondamentaux de toute société; qu'elle est nécessaire à sa conservation, à son affermissement, à sa tranquillité. L'égalité du mérite et de l'ignorance, de l'honneur et du vice, de l'éducation et de la rudesse, doit entraîner les maux les plus graves, les désordres les plus effrayants. J'en étais convaincu bien long-temps avant que les faits vous en offrissent la preuve. Je ne pouvais donc pas vous conseiller de l'établir.

Qu'y a-t-il de commun entre mes écrits et une bande de séditieux et de brigands qui se sont réunis pour assouvir leur rage? Les plus

audacieux, ceux qui ont le plus appesanti sur
nous le joug de leur scélératesse, étaient les
plus ignares de tous les hommes. A peine con-
naissaient-ils mon nom.

Ils étaient dirigés par des mains plus habiles, me répondra-t-on : sans doute, mais
qui armait ces mains plus habiles? L'ambition
et l'intérêt, moteurs de tous les crimes. Ce
n'étaient donc pas mes ouvrages.

Oui, je le répète encore, il ne doit y avoir
d'autre distinction que celle qui doit séparer
l'homme instruit et vertueux de celui qui ne
l'est pas. Le bras sage du premier arrêtera
l'autre dans ses écarts; et son autorité, toujours
respectable et respectée, sera le frein de toutes
les passions vicieuses.

Mais je ne reconnaîtrai qu'avec la plus
grande retenue, la noblesse héréditaire; je ne
la reconnaîtrai que dans le cas où l'hérédité du
nom sera suivie de l'hérédité des vertus et de
la gloire.

Pour avancer que j'ai causé la révolution,
où sont vos preuves? Où vous ai-je commandé
de plonger dans l'abîme des prisons votre
Roi, que mes derniers regards sur la terre
avaient vu commencer son règne par un acte

de justice et de bonté qui ne doit jamais s'effacer de votre mémoire? Où vous ai-je insinué le
crime exécrable d'attenter à ses jours sacrés ,
et de lui faire subir un supplice infamant ré-
servé aux scélérats et aux assassins? Avez-
vous puisé dans mes ouvrages ce long tissu
d'horreurs qui a épouvanté l'Europe entière,
et l'a forcée à mettre les armes à la main pour
en arrêter le cours? Je n'ignore pas que quelques écrivains à tant la page ont osé vous l'in-
sinuer; ils ont enveloppé dans l'arrêt fatal cet
illustre et malheureux Jean-Jacques, qui,
bravant l'oppression et ses lâches ministres ,
a si bien justifié cette belle devise, maintenant
inhérente à son nom :

*Vitam impendere vero.*

Ni lui ni moi ne sommes coupables. Nos intentions ont toujours été pures. Ah! si je mé-
ritais des reproches aussi cruels, je renonce-
rais non seulement au bonheur dont le TRÈS-
HAUT a daigné me gratifier, mais encore à la
gloire, aux éloges de la postérité, à tous ces
suffrages dont j'étais si jaloux.

Non, non, ce ne sont point des livres qui
ont amené ces événements inouis, ces désastres
dont vous avez tant souffert. Il a fallu un con-

cours immense de matières inflammables pour décider un embrasement aussi effroyable et aussi subit. Tous les vices y ont concouru : l'orgueil immodéré de deux ordres qu'un changement desiré du peuple privait d'un amas de priviléges usurpés, l'avarice effrénée, l'ambition insatiable. Vous les connaissez, Français; ne soyez donc pas assez injustes pour n'accuser que moi seul des malheurs qui sont venus fondre sur vos têtes; appréciez ma franchise : la seule grâce que je vous demande, c'est de me juger sans passion.

Il n'est rien, dit-on, de si difficile que de faire entendre raison à des sots, et de laver la tête d'un singe. Il est encore une troisième chose bien plus difficile : c'est de forcer des personnes prévenues à rétracter leur premier jugement. Ce n'est qu'à force de persévérance et de dialectique que l'on peut parvenir à ce but. C'est pourquoi, mes chers Français, je me suis étendu sur la réponse que je devais faire à la double accusation que l'on a faite contre moi.

Que rien ne vous effraie, m'a dit Ducis; la voix de vos détracteurs n'est point entendue des hommes sensés et sans prévention. Toutes les personnes dont le goût est sûr, qui savent avec impartialité démêler le faux d'avec le vrai (et leur nombre est encore assez considérable dans Paris), n'ont jamais porté contre vous de semblables jugements.

Toutes les jolies femmes, et celles qui s'imaginent l'être, en un mot tous les êtres femelles, dont la curiosité n'est jamais rassasiée, brûlent d'envie de vous connaître. On parle mal de vous; c'en est assez pour elles, et vos œuvres sont continuellement sur leur toilette ou dans leurs mains.

Aimables Françaises, me suis-je écrié avec enthousiasme, vous qui, de l'aveu de toutes les nations, êtes proclamées maîtresses en l'art de plaire, je suis enchanté d'être l'objet de votre attention. Lisez-moi; vous trouverez en moi un ami, un adorateur de vos attraits, quelquefois un critique de vos défauts, mais toujours un appréciateur juste et délicat de toutes les qualités dont vous êtes ornées. Peut-être pourrai-je vous faire trouver plus courts les moments que vous dérobez à la tendresse et à l'étude charmante de captiver vos nombreux admirateurs.

Oui, je me trouve heureux, si le nombre de

mes détracteurs ne surpasse pas celui des personnes impartiales. L'éclat offusque toujours
les yeux des mortels : César ne voulait point
d'égaux; ils ne supportent point de supérieurs.

Cette digression terminée, Ducis nous a
exposé un tableau succinct et frappant de tous
les changements littéraires et moraux de la
France. Pendant qu'il parlait, tous les regards
étaient fixés sur lui; nous écoutions avec une
ardeur égale à notre plaisir, ces peintures
fidèles, ces expressions nettes et concises,
qui s'échappaient sans effort de sa bouche.

Personne ne l'a écouté plus attentivement
que moi; j'ai saisi toutes les circonstances qu'il
nous a rapportées, et j'ai formé le dessein, un
peu hardi peut-être, de vous dire ce que j'en
pense. Ma lettre ne doit pas avoir pour unique
but de vous faire des compliments; rien ne
serait plus insipide. Je ne veux point vous
donner d'avis, parce que j'aurais trop peur
de vous ennuyer : ce serait faire le rôle de médecin ; et, quelque salutaires que soient les
drogues, leur nom seul vous rebute : vous
ressemblez à ces malades rétifs qui jettent les
remèdes par les fenêtres.

Oh! combien, mes chers Français, combien vous avez dégénéré! Quelle différence énorme entre les Français de 1770, que je qualifiais du nom de Velches, et les Français d'aujourd'hui! Ils possédaient une politesse insinuante et persuasive; et actuellement, jusqu'à vos petits-maîtres, tout a pris un ton soldatesque et grossier qui ne peut plaire à personne, et qui n'offense que trop souvent (7). Ils craignaient les auteurs de leurs jours; ils cherchaient à leur complaire; et, non seulement vous ne les craignez plus, mais vous avez secoué toute soumission envers eux, et perdu le sentiment du respect et des convenances. Ils courtisaient les femmes, mais celles qu'ils respectaient et qu'ils aimaient; et vous, devenus la proie des Laïs effrontées, vous leur prodiguez des secours qui pourraient arracher au désespoir qui les consume, des familles entières.

Ils s'enorgueillissaient du beau nom de Français, et l'on croirait que vous redoutez de vous entendre appeler de ce nom, auquel se rattachent tant de hauts faits et tant de belles actions. Il s'est même élevé parmi vous des voix téméraires et calomniatrices qui se sont

plu à répéter les sarcasmes grossiers et indé-
cents des Kotzebue.

Les Français de 1770 s'honoraient des belles formes de la nature, et vous les avez fait
disparaître. Pareils à des gens qui ne font
qu'un repas dans un jour, vous vous serrez le
corps sans ménagement. La poitrine de
l'homme est droite, et, pour imiter les guer-
riers d'Alexandre, vous la rendez convexe (8).
Vous n'imitez vos pères qu'en une seule chose,
votre front est découvert, on peut y lire les
sentiments de votre ame; mais il est surmonté
d'un échafaudage grotesque qui détruit tout
l'effet qu'il doit produire.

Vos pères étaient unis entre eux; ils s'aimaient, ils s'en donnaient des preuves; et vous,
vous êtes divisés. L'opinion a détruit parmi
vous les nœuds les plus doux. J'ai craint mille
fois de voir éclater parmi vous ces scènes horribles qui ont déshonoré l'Angleterre et
l'Italie. L'esprit national est anéanti.

Vos pères ne se mêlaient que de ce qui les
regardait; l'amour des lettres, chez les uns, les
soins domestiques, pour les autres, leur pro-
curaient le bonheur auquel vous voulez atteindre en vain, et que vous n'obtiendrez ja-

mais tant que vous ne les imiterez pas. Vous vous livrez exclusivement, je ne dirai pas à la politique, mais à une manie de politique cent fois plus préjudiciable. Toutes vos cités sont remplies de ces colporteurs de nouvelles apocryphes, que vous adoptez sans examen et avec une crédulité remarquable. La fureur de savoir par quels ressorts se meuvent les états, a envahi toutes les classes de la société, depuis la plus élevée jusqu'à la dernière. Dans les salons dorés, dans l'humble cabane de l'agriculteur, on s'occupe à régler la marche des affaires; chacun se croit ministre ou général; on agite les questions les plus importantes avec une emphase qui ne peut cependant cacher la sottise des interlocuteurs. Tous les sujets d'un souverain, hors ceux qui sont chargés du maniement des affaires, ne sont que simples passagers dans le vaisseau de l'État; leur devoir est d'obéir, et de laisser à ceux qui ont le gouvernail en main, le soin de le diriger.

A Dieu ne plaise que j'élève ma voix en faveur du despotisme: je l'ai toujours combattu; mais il est un milieu à prendre.

Vous écoutez la voix de vingt folliculaires,

prétendus politiques, qui se donnent les airs
de vouloir conduire un état, tandis qu'ils peuvent à peine conduire leurs propres affaires (9);
ils vous précipitent à votre ruine, en vous in-
diquant de fausses routes pour arriver au
bonheur. Leurs conseils sont dictés par l'avidité ; leurs phrases brillantes, recouvertes du
plus beau coloris, ressemblent à ces frais ga-
zons émaillés de fleurs, mais sous lesquels
l'affreux serpent lance son venin destructeur.

La voix des vrais hommes d'état, blanchis
sous le harnois, éprouvés déjà par des servi-
ces importants, doit seule être entendue.
Mais quelle confiance peut-on donner à des
écrivains novices que le jour de la raison
n'a pas encore éclairés (10) ?

Ces Don Quichotte politiques, qui renou-
vellent chaque jour cette belle aventure où
le héros de la Manche voit des géants dans des
moulins à vent, vous crient sans cesse aux
oreilles que vous êtes perdus, que le tombeau de la France est entr'ouvert, et ils ne
voyent pas cette main généreuse dont les ef-
forts n'ont pour but que de le refermer.

De mon temps, j'ai plaisanté sur la rage
d'écrire sur l'agriculture, sans avoir jamais

vu semer un champ de blé ; c'était une épidé-
mie, qui a passé, à la vérité, mais non pas
sans avoir bien amusé les philosophes ob-
servateurs.

Les brochures des publicistes actuels sont
pernicieuses autant qu'inutiles. Elles ont éteint
en France le goût de la bonne littérature, et
ont jeté mes aveugles concitoyens dans la lecture de sottises éphémères, qui, telles que les
insectes des rives de l'Hipanis, paraissent au
grand jour, y brillent un quart d'heure, et
retombent ensuite dans l'obscurité où elles
auraient dû rester ensevelies.

Que sont devenus ces cercles du temps de
Louis-le-Grand, où l'on entendait discuter ,
avec autant de finesse que d'agrément, les
beautés ou les défauts des ouvrages des génies qui l'ont immortalisé. A ces piquantes et
délicieuses assemblées succèdent des réunions
froides et sans épanchement, où l'on ne parle
ni d'amour, ni de poésie, mais des grands intérêts des princes ; où des bouches faites pour
n'exprimer que les sentiments de la tendresse, où les petits intérêts du ménage se
tordent et se défigurent, en ne proférant que
les mots, souvent mal compris, de liberté de
la presse, budget, ou discussion des chambres.

Quelle indéfinissable frénésie, ô Français!
Quoi! c'est ainsi que vous vous oubliez! c'est
ainsi que vous voulez renoncer à ces brillantes
faveurs de la renommée, qui ne parlait de
votre pays que comme du séjour délicieux des
grâces et de la galanterie! Ainsi, vous aban-
donnez des jouissances réelles, pour vous at-
tacher à des chimères!.....

Vous brûlez pour un monstre un encens
précieux que vous refusez aux beaux-arts.
Vous avez presque cessé d'encourager, par vos
suffrages flatteurs, l'art sublime des Lebrun,
des David; l'art des Pujet et des Girardon est
presque dédaigné; l'aimable poésie, qui
charmait les loisirs de vos aïeux, cache dans
l'ombre sa tête douloureusement affectée : elle
soupire après ses triomphes éclipsés, et se rat-
tache à quelques rameaux trop faibles, hélas!
pour la garantir du naufrage.

Tout a disparu, tout est mort!... Vous n'ê-
tes plus, beaux jours de la gloire et du bonheur de la France, où, vivant en paix, re-
poussant loin d'elle le froissement des opinions et des partis contraires, respectée de ses
voisins qui redoutaient sa puissance et ses armes, ne déviant jamais du sentier de l'hon-

neur, les beaux-arts faisaient ses délices et
l'occupaient tout entière.

Beaux-arts, vous êtes le soutien des états,
le lien sacré de toutes les nations. Vous éta-
blissez entre elles des rapports qui semblent
tromper la distance qui les sépare; vous avez
fait de l'Amérique une seconde Europe, qui
bientôt rivalisera avec son aînée par la puissance et les talents. C'est vous qui avez corrigé
cette rudesse de mœurs qui subjuguait nos ancêtres. Vous nous avez inspiré cette aménité,
cette douceur, ce je ne sais quoi, qui répan-
dent un charme séduisant sur le chemin ra-
boteux de la vie. Hélas! si l'on vous néglige,
que deviendront les peuples qui vous doivent
leur félicité?...

A quoi pensais-tu, ô toi! qui méritas l'estime et l'admiration des gens de bien, et qui,
non pas sans raison, m'as compté parmi tes ennemis, ô Jean-Jacques, quand ta plume éloquente traça ces lignes calomniatrices qui ont
été le prélude de ta gloire? Tu dépréciais les
arts qui t'ont conduit à l'immortalité. Vas, je
t'excuse, ces arts ont appelé sur ta tête l'enthousiasme des hommes et la haine des sots,
et ne t'ont point procuré le bonheur.

3

Quels malheurs n'amène pas le dégoût des arts: à quels crimes ne conduit-il pas? Il organise le trouble et le désordre; il démoralise la société; il fait, en un mot, d'un peuple respectable, un peuple digne d'horreur et de mépris.

Leur culture est la nourriture de l'ame; elle la vivifie, elle y fait naître ces nobles et héroïques passions qui émanent de la divinité.

Non, non, mes craintes ne se réaliseront point. Un jour reluira, j'en ai l'espérance, et Louis m'en répond, où les Français, moins agités, reviendront à vous; où ces Parisiens, autrefois si aimables et remplis d'un enjouement si spirituel, s'efforceront de reconquérir pour leur cité le titre glorieux de nouvelle Athènes; ils accueilleront avec transport le mérite naissant, détourneront de lui les traits de l'envie, le soutiendront contre l'adversité, et aplaniront ainsi la route épineuse qu'il doit parcourir.

C'est vous, pères des lettres, membres illustres de cette société que forma Richelieu, qui hâterez le retour de ces moments fortunés. Sourds aux cris de la cabale et de l'envie,

inaccessibles aux insinuations de la puissance et de l'amour-propre, sans égard pour
les rangs et les titres que ne soutiendront pas
la science et la gloire, vous ne recevrez parmi
vous que des hommes dont l'éclat mérité vous
couvrira encore de ses rayons. Votre zèle,
qui ne s'est jamais démenti, se réveillera avec
plus de force que jamais, secondé par le mo-
narque qui tient les rênes de l'empire. Vous
rallumerez un flambeau presque éteint, qui
n'attend, pour vous éclairer, qu'un souffle
réparateur.

Les auteurs actuels ne peuvent se flatter de
réussir, s'ils ne savent saisir l'à-propos. Et en
quoi consiste cet à-propos?.. A s'emparer au
plus vite d'une matière sur laquelle le public
a les regards uniquement attachés. On pourrait
quelquefois les comparer à un groupe d'enfants
auxquels on jette des dragées; ils courent, ils
se pressent, se rudoyent, se renversent les
uns les autres pour attraper l'objet que
convoite leur gourmandise. Et qu'arrive-t-il
de là? On ne nous donne que des esquisses,
des ébauches imparfaites, rien qui nous offre
ce style élégant et naturel, dont la netteté a
fait la réputation des Buffon et des Rousseau.

3..

A peine ont-ils mis la main à la plume qu'ils
voudraient être arrivés au terme de leur
course, tant ils craignent de laisser au public le temps de se refroidir.

Dans la foule prodigieuse de ces ouvrages,
enfantés par les circonstances, trouvez-en un
seul qui porte l'empreinte du génie? Dans
quelques-uns, beaucoup d'emphase, mais
peu de réflexion, et un vain desir de briller.
Dans le plus grand nombre, des paradoxes
insoutenables et des périodes sans fin, qui ne
laissent rien à l'esprit; beaucoup de compila-
tions, des livres faits à coups de livres, de
mauvaises copies, où l'on a de la peine sans
doute à reconnaître les originaux, tant ils
sont défigurés.

On ne trouve plus, dans ces pages où l'histoire consacre à l'immortalité les événements
qui ont consolé ou épouvanté l'univers, ces
traits forts et vigoureux qui la distinguaient
autrefois. Le devoir de l'historien est sans
doute très difficile à remplir; ce n'est qu'avec
peine qu'il peut conserver cette impartialité
délicate qui réunit tous les suffrages, cette
vérité qui rend présents tous les objets. Il
marche sans cesse entre deux précipices,

s'il retrace des actions récentes. Il a toujours
à craindre le mécontentement et l'envie, d'un
côté; de l'autre, le choc irrésistible des passions contraires.

Le siècle des grands talents est passé; nous
sommes arrivés au siècle des commentateurs;
mais on ne doit point pour cela dédaigner les
talents moins élevés qui leur ont succédé. On
vous accable d'un fatras de règles, dans quelque genre que ce soit; on lacère, on morcelle
de cent manières différentes ce Laharpe, qui
mérite à tous égards le titre de législateur
littéraire. Mais ce ne sont que des règles
dont les Virgile, les Corneille, les Molière,
se sont passés sans peine. Ils possédaient un
génie créateur. Oui, mais quiconque en est
dépourvu, ne doit jamais écrire des ouvrages
d'imagination.

J'en viens à vous, mes chers confrères,
hommes de lettres de toutes les classes et de
tous les rangs, vous ne prétendez pas être ou-
bliés dans ce petit factum : vous ne le serez
pas.

Il en est beaucoup parmi vous qui, ambi-
tionnant la célébrité, prennent une mauvaise
route pour y parvenir. Il y a deux célébrités;

votre conduite est excellente pour arriver à l'une, et très mauvaise pour atteindre à l'autre.

La première de ces célébrités dont je veux parler, et qu'il est si difficile d'obtenir, est la célébrité justement acquise, et celle-là est durable; la seconde est éblouissante, mais, telle qu'un éclair, elle brille un moment, et disparaît pour jamais.

Ceux d'entre vous auxquels j'adresse cet article, attaquent effrontément toutes les idées reçues et généralement applaudies. Ils se déclarent les champions de toutes les opinions les plus erronées. Ils m'offrent le spectacle grotesque de gens qui, loin de suivre vers un but raisonnable, le torrent du monde, reviennent sur leurs pas, heurtent tantôt l'un, tantôt l'autre, et dont la démarche égarée inspire un moment la curiosité, et fait naître bientôt ce rire sardonique qui suit ordinairement les mortels en délire.

Je viens de relire la Vie de Milton; elle a fait naître une réflexion dans mon esprit, au sujet de sa conduite.

Républicain zélé, Milton, à l'époque de la restauration, crut qu'il était honorable pour lui de conserver ses opinions et ses principes.

Qu'en arriva-t-il ? Il termina ses jours dans la misère. ,

Plus habiles que lui, avec moins de génie sans doute, vous tournez à tout vent, vous encensez l'un après l'autre, Dieu et le diable : peut-on vous condamner? Chacun vit de son métier.

Et vous, nouveaux aristarques, vous, qui portez le flambeau de la critique sur toutes les productions de l'esprit, je vais, à mon tour, prendre, pour vous apprécier, ce même flambeau qui jette quelquefois dans vos mains de si pâles lueurs. Quand cesserez-vous donc d'obéir à la voix des passions, dans des moments où elles doivent être inconnues ? Je ne peux m'imaginer, lorsque je vous vois, trop souvent sans doute, porter de faux jugements, que vous péchiez par ignorance. Il existe parmi vous des hommes recommandables par leur doctrine et leur science profonde ; mais combien ils sont rares !... Je m'irrite, quand je vous vois parler de choses que vous n'entendez pas. Ah! du moins Fréron se renfermait dans le cercle de ses connaissances, et n'allait pas plus loin; il a été injuste envers moi, encore pas toujours; sa plume

était dirigée par un goût sûr, et, je l'avoue à
regret peut-être, il était le premier homme
de France pour déchiqueter un livre.

Mais vous, bien souvent vous prenez une
phrase ici, une phrase là, et là-dessus vous
prononcez. Votre méthode a du moins l'a-
vantage d'être expéditive.

Jusqu'à présent, me direz-vous, vous n'a-
vez rien trouvé de bon. — Rien, c'est trop
dire. Non, Français, je ne suis point de ces
philosophes atrabilaires que rien ne satisfait.
A Dieu ne plaise que je veuille tout condamner, ce serait manifester un emportement ridicule, indigne de tout homme raisonnable.
Je tomberais dans un excès assez commun
parmi vous, et que les sages ne doivent pas
tolérer. Désespérant de parvenir à la hauteur
où vous êtes arrivés, ils s'en vengent en pros-
crivant tout, en déchirant vos plus belles ins-
titutions. Ces ennemis farouches de l'honneur et de la gloire de leurs concitoyens, pen-
sent les avilir et s'élever sur leurs ruines. Ils
ne recueilleront, pour fruit de leur entreprise, que la honte de l'avoir tentée.

Censeur impartial de vos défauts, je rends
justice à vos qualités; elles sont brillantes et

nombreuses: heureux qui peut vous être com-
paré.

Que de titres de gloire n'avez-vous pas réunis? Vous avez tout essayé, et tout a pris dans
vos mains un degré de perfection inconnu jusqu'à vous. Des hommes supérieurs dans tous
les genres se sont illustrés par les découvertes
les plus précieuses, et le berceau est dans vos
cités.

Vous possédez des orateurs dont la voix
éloquente et nerveuse soutient la chose pu-
blique; des hommes d'état dont la main sûre
peut vous faire éviter les écueils parsemés dans
cette mer orageuse où vogue le navire qui
tient vos destinées; des publicistes habiles et
clairvoyants, qui, moins accablés du fardeau
des affaires, les préserveront du moindre danger, pourvu que leurs avis ne soient pas étouf-
fés à leur naissance; des poètes, enfin, qui,
si vous voulez les entendre, vous arracheront
aux vices qui vous ont subjugués. Combien
ces hommes méritent d'estime et d'admiration!
Ils ont, de plus que leurs prédécesseurs, à
lutter contre le mauvais goût. J'en pourrais
citer quelques-uns parmi vous qui conser-
vent, au milieu de la corruption générale,

cette pureté, ce sel attique dont les expressions charmaient dans les grands auteurs du siècle de Louis-le-Grand.

Les mains puissantes de ces mortels privilégiés de la nature soutiendront l'honneur de la poésie française, prête à s'ensevelir sous les décombres qu'entassent l'ignorance et la stupidité. L'épopée, cette merveille à laquelle seule appartient le nom de langage des dieux, remontera, par leurs soins, à une hauteur qui ne laissera plus à nos voisins le droit de dénigrer notre poésie, et de dire que nous n'avons pas la tête épique. Je n'ignore pas que la *Henriade*, malgré son succès, n'a point fait disparaître ce préjugé déshonorant pour le premier peuple du monde (11).

Que je serais heureux, si je voyais mon espoir réalisé! Je pourrais alors répéter avec enthousiasme :

*Français, vous savez vaincre et chanter les conquêtes.*

Permettez-moi ici une observation qui ne me paraît pas sans importance. Vos poètes actuels ont adopté un mode que je suis loin de croire approuvé par le goût. La cadence, qui fait le charme des vers, et sans laquelle il n'est point de poésie, est très négligée dans leurs pièces. Un des premiers préceptes de l'art d'écrire est de flatter l'oreille en nourrissant l'ame ; et l'on ne voit que trop souvent, dans ces rimeurs modernes, de pénibles enjambements qui rompent la mesure et blessent un lecteur délicat.

Plusieurs d'entre eux vous régalent d'une prose rimée, à laquelle ils ont donné le nom pompeux de poésie descriptive. Ils prennent pour maître un grand homme qui, orné de tous les dons du génie, s'est plu à retracer avec fidélité cette nature si belle et si riche.

J'admire les séduisantes et immortelles descriptions du Virgile Français; je ne désavouerai jamais ces deux vers, où je lui adresse un encens mérité :

> Vainement, de Virgile élégant traducteur,
> Delille a quelquefois égalé son auteur.

Il maniait sa langue avec la plus étonnante habileté, tout prenait sous sa plume une forme nouvelle; mais combien la plupart de ses imitateurs sont rebutants à côté de lui. Si l'on en croyait ces Messieurs, on souffrirait bientôt dans leurs vers les dégoûtantes images

des objets les plus ignobles. Revoyez, revoyez
Despréaux,

Qué ses sages écrits, par la raison dictés,

Soient toujours dans vos mains, jour et nuit feuilletés.

Français, votre supériorité dans les armes
ne peut être contestée; il n'a pas fallu moins
de l'Europe entière réunie pour vous forcer à
renoncer au fruit de tant de triomphes ac-
cumulés pendant vingt-cinq années; votre
langue est la langue universelle; il n'est point
de contrée dans l'Europe où vos héros ne
l'ayent répandue; vous avez obtenu le premier
rang dans ces pièces charmantes que l'esprit
seul doit embellir; votre théâtre est le premier
théâtre du monde: il joint le plaisir et l'agrément à la décence et à la morale, et j'ai cessé
d'y voir les horribles abus qui le défiguraient,
abus qui tant de fois ont excité ma colère, et
causé les plaintes dont ma voix a fait retentir
la France.

Mais, dois-je le dire, et j'en frémis d'indignation, Ducis m'a assuré que mes Français
si chéris étaient en proie au goût le plus dé-
pravé pour les plaisirs de la scène. J'ai eu
beaucoup de peine à y ajouter foi. Il a per-

sisté; il a assuré que ce théâtre qui fait notre
orgueil, était à-peu-près désert; que las d'é-
couter les traits sublimes de Corneille, les
vers si tendres et si parfaits de Racine, les
plaisanteries délicieuses de Molière, les Parisiens se portaient en foule à ces ignobles tré-
teaux des boulevards; qu'ils écoutaient avec
un plaisir toujours renaissant ces farces gri-
macières, où le goût, la raison, le bon sens,
sont outragés sans pudeur. Je n'ai pu contenir
la fureur qui me possédait, lorsqu'il a ajouté
que ces pièces étaient suivies et redemandées
jusqu'à leur centième représentation, et au-
delà.

Despréaux!..... Despréaux, où es-tu? me
suis-je écrié!..... Que pourrais-tu dire de tout
ce qui arrive, toi qui, peu de jours avant de
quitter ton enveloppe terrestre, prononças
ces paroles mémorables lorsqu'on te présenta
le *Rhadamiste* de Crébillon : « *Où sommes-
nous? Les Pradon, dont nous nous sommes
ta nt moqués dans notre jeunesse, étaient des
soleils en comparaison de ceux-ci.*»Combien
de fiel coulerait de ta plume, à l'aspect de ces
succès que n'ont jamais obtenus les plus rares
génies! C'est seulement au sein de nos bos-

quets que nous entendons les accents de ta
douleur, ils ne retentiront point sur la terre, ils
ne parviendront qu'à l'oreille de ce petit nombre d'hommes, qui, dans ce bouleversement
universel, méditent encore tes ouvrages. Toi,
qui condamnas si sévèrement Quinault, cet
auteur si doux et si tendre, que dirais-tu en
voyant ces turlupinades, ces batailles, ces
massacres qu'on entasse avec profusion, et qui,
bientôt, lasseront les plus déterminés amateurs
du mélodrame (12).

A cette longue exclamation, Despréaux est
arrivé, et m'a demandé pourquoi je l'avais in-
terpelé. Je lui en ai fait connaître le motif, il
a caché aussitôt sa tête dans ses mains, et s'est
éloigné en soupirant, sans proférer une seule
parole.

Je vois avec satisfaction l'anéantissement
presque entier d'un préjugé, fatal à des talents qui contribuent à vos plaisirs et à votre
instruction. Je sais que le temps n'est plus
où la belle Lecouvreur n'aurait pu recevoir les
honneurs de la sépulture, où le divin Molière
verrait un peuple, poussé par le fanatisme,
outrager son cadavre et menacer son cercueil.

L'avidité que vous montrez à acquérir tous

les ouvrages qui ont une juste célébrité, et à
en enrichir vos bibliothèques, est pour moi du
meilleur augure; la lecture de ces chefs-d'œuvre
vre vous arrachera à votre aveuglement. Vous
cesserez de vous mêler d'affaires qui ne vous
regardent pas. C'est pour moi un grand plaisir,
sir, de voir se reproduire et se multiplier sous
vos presses les éditions des Rousseau, des
Buffon, des Marmontel, des Laharpe, des
Montesquieu.

Le plaisir que j'éprouve est pur, mais jus-
ques à un certain point. Parmi les pièces sans
nombre qui forment la collection de mes
œuvres, je vous avouerai avec franchise que
j'aurais desiré, pour ma gloire propre et pour
l'intérêt public, que vous en supprimassiez
quelques-unes. Tous les ouvrages d'un même
auteur ne sont pas également bons, des grands
hommes même ont composé de plattes et in-
sipides sornettes : les morceaux dont je vous
parle peuvent être rangés dans ce nombre. Ils
me sont échappés au milieu des transports
d'une imagination vive et ardente, qui ne con-
naissait point d'obstacles. Doué d'une sensibi-
lité profonde, irascible à l'excès, je les ai composés pour des raisons que je ne suis pas assez

hardi d'essayer de justifier : vous y auriez ga-
gné, je n'y aurais rien perdu.

Vous fouillez avec un zèle enflammé par la
cupidité, et non par l'amour du bien public,
des paperasses où vous trouvez quelques
phrases de moi, mais qui ne peuvent rien
ajouter à ma renommée. Vous compilez des
recueils de lettres écrites par l'amitié, et qui ne
devaient jamais sortir de ses mains. Je crois
que si vous trouviez les billets que j'ai écrits,
pour leurs ordonnances et leurs drogues, à
mon apothicaire ou à mon médecin, vous vous
empresseriez d'en décorer les boutiques de
vos libraires.

Parmi les livres que vous rendez au public,
il en est de dangereux, composés par des
élèves de mon école, qui, affichant une in-
crédulité barbare, supérieure encore à leur
faiblesse, entraîneront des esprits d'autant
plus faibles qu'ils s'imaginent plus avoir la
force en partage.

Adieu, mes chers Français, nation jadis aimable et spirituelle, vous, que j'ai toujours
connus pour savoir saisir avec finesse jusqu'à
l'ombre du ridicule, adieu. Gardez-vous de
prêter des armes contre vous à ceux que vous

avez persifflés; voyez cent Argus qui vous ob-
servent, et qui attendent avec impatience le
moment où ils pourront se venger des mor-
tifications qu'ils ont essuyées de votre part ; pu-
nissez-les d'avoir eu des intentions hostiles en
vous corrigeant des défauts qui pourraient
donner matière à leurs railleries; qu'ils con-
fessent que vous êtes le peuple le plus aimable
et le plus sage de l'univers.

A l'instant où j'allais fermer ma lettre, il
arrive un gros ballot rempli de livres sur vos
conquêtes passées. En le considérant, il m'est
venu une idée qui m'a fait rire, et que je ne
peux m'empêcher de vous communiquer. Je
me suis rappelé cette anecdote rapportée par
les historiens de l'ancienne Grèce. Je vais vous
la répéter.

« Le roi de Macédoine ( Philippe ) marchait
contre Athènes avec une puissante armée,
dans l'intention de la réduire en esclavage.
Les Athéniens alarmés lui envoyèrent des
ambassadeurs qui s'efforcèrent de le fléchir,
en lui retraçant les grandes actions qui avaient
immortalisé leurs ancêtres. — Je les connais
aussi bien que vous, répondit le vainqueur,
mais sachez les imiter, si vous voulez que je
m'en souvienne. »

4

Je ferme ma lettre, elle est assez longue, et je crains qu'en vous en disant davantage, vous ne finissiez par être ennuyés.

Omne supervacuum pleno de pectore manat,

a dit Horace, je suis son avis et je termine en vous priant de me croire toujours

Votre sincère et affectionné ami,

VOLTAIRE.

FIN.

# NOTES DE L'ÉDITEUR.

---

### NOTE (1), PAGE 8.

L'édition des *Œuvres de Voltaire* que nous promet M. Renouard, formera soixante volumes in-8°., et sera ornée de cent soixante gravures de Moreau le jeune. L'impression est confiée à M. Crapelet. Le prix de l'ouvrage entier, papier fin, est de 450 francs.

### NOTE 2, PAGE 11.

Palissot, dans l'édition qu'il a donnée des Œuvres de Voltaire, a voulu plaire à tout le monde, et n'a satisfait personne. Voltaire est tronqué dans cette collection, qui est actuellement discréditée.

### NOTE 3, PAGE 11.

On a prétendu que Louis XVI avait dit, en parlant de Voltaire et de Rousseau, *ces deux hommes ont perdu la France.*

### NOTE 4, PAGE 11.

Voici les vers originaux de la Henriade,

Vauban, sur un rempart, un compas à la main,
Rit du bruit impuissant de cent foudres d'airain.

(HENRIADE, chant VII.)

### NOTE 5, PAGE 12.

Voltaire veut sans doute parler ici des Commentaires sur Corneille , corrigés par M. L....; corrections remarquables, comme l'a fort bien observé M. Hoffmann, par la pureté du style du nouvel aristarque.

Ce même M. L...... a composé aussi une Vie de Voltaire , qu'on trouve partout et qu'on ne lit pas.

Il est si judicieux, qu'il prétend qu'on ne peut pas avoir lu Voltaire et être honnête homme !....

### NOTE 6, PAGE 17.

Il paraît que Voltaire a déjà vu là-bas la fameuse pièce de l'Odéon, intitulée l'*Homme Gris.*

### NOTE 7, PAGE 27.

L'intention de Voltaire n'a pas été sûrement d'offenser les militaires; il n'en veut qu'à ces freluquets qui affectent le ton, les manières et les airs de quelques mauvais soldats , qui font beaucoup de poussière dans les garnisons et qu'on ne voit jamais en présence de l'ennemi.

### NOTE 8, PAGE 28.

On se rappelle que lorsque les Russes vinrent en France, leurs jeunes officiers avaient sous leur uniforme des plastrons d'une forme convexe. Les singes parisiens se sont hâtés de les imiter, et depuis ce moment leur accoutrement n'a plus rien de Français.

### NOTE 9, PAGE 30.

Cette phrase rappelle ce passage du *Dialogue d'É-phémère*, qui se trouve page 532 du tome 36, in-8°, édition de Kelh. Le voici :

« A présent, un grand nombre d'écrivains se con-
» sacrent à réformer les empires et les républiques.
» Tel homme qui ne sait pas gouverner un poulail-
» ler, qui même n'en a point, prend la plume et
» donne des lois à un royaume. »

### NOTE 10, PAGE 30.

Beaucoup de jeunes gens ont pris la plume dans le dessein de signaler des abus. Leur projet est digne d'éloges; on doit seulement regretter qu'ils n'aient pu parvenir à leur but: la cause en est qu'ils ont employé de mauvais moyens.

### NOTE 11, PAGE 42.

On peut espérer en effet que ce préjugé n'aura bientôt plus de partisans. M. le comte de Fontanes et M. le chevalier d'Arlincourt, autorisent cette espérance. La *Grèce sauvée* du premier, et le *Charle-magne* du second, sont peut-être destinés à faire époque dans l'histoire de notre littérature. Que ne doit-on surtout pas attendre de l'éloquent auteur de l'*Éloge de Washington*, du chantre harmonieux du *Jour des morts*, poème délicieux, où se trouve, au jugement de Châteaubriant, un des morceaux de poésie française le plus parfait.

### NOTE 12, PAGE 46.

Quoique le mélodrame fasse encore *fureur*, cet engouement ne tardera pas sans doute à disparaître. Autrefois c'était la capitale qui donnait le ton au reste de la France, mais les provinces semblent vouloir user du droit de rappeler des jugements des Parisiens. Le *Château de Paluzzi*, cette pièce monstrueuse qui a fait si long-temps les délices des habitués du boulevard, a été inexorablement et ignominieusement sifflée dans toutes les principales villes de France où l'on a essayé de la représenter. *Bon augure.*

### NOTE PARTICULIÈRE.

Je ne doute pas que quelques critiques ne puissent, avec raison, faire un crime à l'auteur de cette brochure d'avoir fait parler **VOLTAIRE**. La tentative est assurément bien téméraire dans un jeune homme de vingt-deux ans. Mais mon intention n'a été que de parvenir à faire entendre, à l'abri de ce nom immortel, des vérités qui certainement ne peuvent être inutiles à connaître.

FIN.

# Défauts constatés sur le document original

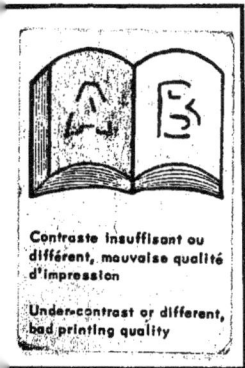

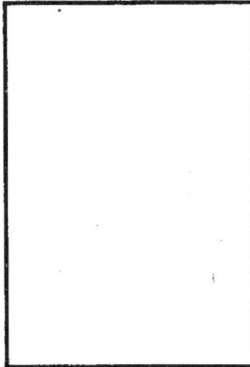

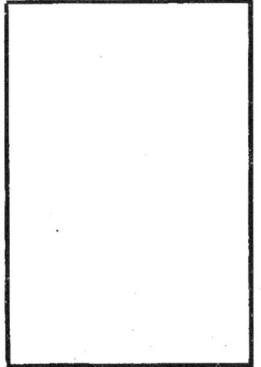

Contraste insuffisant ou différent, mauvaise qualité d'impression

Under-contrast or different, bad printing quality

www.ingramcontent.com/pod-product-compliance
Lightning Source LLC
LaVergne TN
LVHW022202080426
835511LV00008B/1531